矛盾がある神の教えが明らかにされた

東誠
aduma makoto

青山ライフ出版

◎矛盾がある神の教えが明らかにされた　目次

宇宙が誕生する前から限られた空間の中に存在していた神の魂

宇宙が誕生して１３８億年になると考えられている宇宙。その宇宙がどの様にして誕生したのかはっきりしたことは今も解っていません。先ず最初にビックバンが起きて、宇宙が誕生したと考えられている宇宙。その宇宙がビックバンという大爆発が起きて宇宙が誕生した宇宙の中に、自然に数々の星や太陽、地球、月が誕生し、誕生した地球に、植物、生物、人間が誕生したという順番ではありません。

宇宙が誕生する前から、神の魂と、光が共に限られた空間の中に存在していました。人間と同じように、神にも魂がある神の魂が正義と秩序でできている神の魂の中に、神の意思、神の意志、神の意識が、神の魂の中に存在している神の魂が、神であります。

正義と秩序でできている神の魂と光が、宇宙が誕生する前から神の魂と光りが共に限られた空間の中に存在していた神の魂と光りが、限られた空間の中に、もうこれ以上留まることができなくなるまでとてつもなく巨大に成熟した神の魂が、限られた空間の中にもうこれ以上留まることができなくなるまで巨大に成熟し、限界に達した時。神の魂の中に存在している神の意識が働き大爆発をして神の魂が宇宙を誕生させました。

神の魂が大爆発をして宇宙を誕生させた神の魂は、神の魂が大爆発をしたことで粉々になって神の魂が無くなってしまったのではなく。神の魂が大爆発をして宇宙を誕生させた神の魂と光が共に宇宙の中に溶け込み、宇宙の中に充満した神の魂は、先ず初めに宇宙の中に何カ所にもガスやチリを創り出します。

神は、宇宙の中に何カ所にも創り出したガスやチリを集め、集めたガスやチリを固めて、神は何カ所にも岩石の塊を創り出した岩石の塊で、小さな星を創り出します。

神は、小さな星を創り出した小さな星を引き寄せ、さらに大きな星を神は創り出します。そうして宇宙の中に創り出された大小数々の星と共に、太陽、地球、月が創り出された太陽を中心に、太陽、地球、月という順番に宇宙の中に並べられた地球に、神は、生物、植物を創り出し、人間を創造し、人間を造り出します。

神の魂が宇宙の中に溶け込み、宇宙の中に充満している神の魂が常に働き、神の魂が数々の星と共に太陽、地球、月など総てを常に神が支配し動かしているから、数々の星と共に太陽、地球、月などが秩序を持って動いています。

ある日、突然ビックバンが起きて宇宙が誕生した宇宙の中に、自然に数々の星と共に太陽、月、地球が自然に宇宙の中に誕生したのではありません。

宇宙が誕生する前から神の魂と光りが共に限られた空間の中に存在していた神の魂が、限られた空間の中で巨大に成熟した神の魂が、限られた空間の中に留まることができなくなり、限界に達した時。神の意識が働き、光りと共に限られた空間の中で神の魂が大爆発をして、宇宙を誕生させた神の魂が宇宙の中に溶け込み、宇宙の中に充満した神の魂が宇宙の中に数々の星と共に太陽、地球、月を創り出した太陽を中心に、太陽、地球、月という順番で宇宙の中に並べた地球に、生物、植物、人間を神が創造し、人間を造られたという順番でないと。宇宙が誕生した謎も、人間が地球上に存在していることや。そして数々の星と共に太陽、地球、月が秩序を持って動いていることなどの総ての事実を矛盾無く説き明かし。宇宙の中で起きる総ての現象を矛盾無く説明することができません。

宇宙を誕生させた神の魂が宇宙の中に数々の星と共に創り出した太陽を中心に、太陽、地球、月という順番で並んでいる太陽と、月は、神の魂が創り出したものであります。

したがって宇宙の中に存在している太陽と月は、神の魂が創り出した神の化身であるのが太陽と、月であるということになります。

神の魂が創り出した神の化身である太陽、月が、天理教経典で、太陽、月が真実の神であると教えられていることに何の矛盾も、何の問題も無いということになります。

神の魂が宇宙の中に溶け込み、宇宙の中に充満している神の魂が宇宙の中に存在している総ての物を支配し、総ての物を神の意志で動かされているから数々の星と共に地球も回転し、数々の星が秩序を持って動いています。

地球が回転することで夜と昼が作り出され、地球に植物が育ち、生物が寝たり起きたりして生物や植物の循環が振り返されているのは、地球が回転することで総ての現象が起きているのは、神の意思、神の意志、神の意識が常に働いているから、宇宙の中で総ての現象が起きています。

インターネットで密教を検索してみると、曼荼羅の中心に描かれている大日如来は宇宙の真理を現し。宇宙そのものを指し。すべての生命は大日如来から生まれると密教で教えられている大日如来は宇宙を現し。宇宙の真理を現し。宇宙そのものを指している大日如来が描かれている曼荼羅を通して、宇宙に真理があると密教で教えられています。

大日如来が曼荼羅の中心に描かれている大日如来から総ての生命が生まれる。その宇宙の中に真理があると密教でも教えられているように。人間は昔から、神の魂が宇宙を誕生させた神の魂が宇宙の中に溶け込み、宇宙の中に充満している神の魂が、数々の星と共に太陽、月、地球を創り出し、人間を創造し、人間を造り出した神の魂が宇宙の中に存在している神の魂を人間は直感的に昔から人間は感じていたのです。

人間の雛型の元になっている何種類もの原始的な多細胞生物

天理教経典元の理で、神がどろ海中を見澄まされると、沢山のどぢょの中に、うをとみが混じっている。うをとみを夫婦の雛型にしようと、先ずこれを引き寄せ、その一すじ心を見澄ました上、最初に産みおろす子数の数と同じ年限が経ったなら、宿し込みのいんねんある元のやしきに連れ帰り、神として拝をさせようと、うをとみに約束し、承知をさせ貰い受けた。と、神は教えられています。

しかし、神がうをとみを夫婦の雛型にしようと、約束された約10億年前の海の中には、何種類もの原始的な多細胞生物が存在していただけの海でした。

もしも、約10億年前の海の中に、生物が一切存在しない皆無の状態の海だったら、神であっても皆無の状態の海の中からは何も創り出すことができません。

神は、約10億年前の海の中に唯一存在していた何種類もの原始的な多細胞生物が存在していた何種類もの原始的な多細胞生物を見て、何種類もの原始的な多細胞生物の中に混じっていたうをとみを夫婦の雛型にしようと思いつかれた神は、先ず初めにうをとみを引き寄せ、一すじ心を見澄ました上、うをとみを夫婦の雛型とされました。

その他に、夫婦雛型の身体の中で道具となる。しゃち、かめ、うなぎ、かれい、くろぐつな、ふぐ、どぢょ、など、全て何種類もの原始的な多細胞生物を元にして身体の中で働く道具として使われています。

その他のさまざまな動物や細菌なども何種類もの原始的な多細胞生物を元に造られています。

なぜ神は、約10億年前の海の中には存在していなかった、うをとみ、しゃち、かめ、うなぎ、かれい、くろぐつな、ふぐ、どぢょを人間の雛型として、人間を造ったと教えられているのかというと。現代になって、10億年以上も前から海の中には、何種類もの原始的な多細胞生物が存在していたということがわかっています。

親神は人間を創造し、人間を造った理由と経緯を何から何まで事細かく詳細に教えられず。矛盾がある教えをされているのは神が現れた時代背景にあります。

江戸時代、明治時代には考えられないほどの科学と学問が進んだ学問を学んだ現代人と同じように。10億年以上も前から地球に存在していた何種類もの原始的な多細胞生物を元にして人間の雛型を造ったと教えても、江戸時代、明治時代の一般の人達には理解できない話しなので。神は江戸時代、明治時代の人達にもわかるように約10億年前の海の中には存在していなかった。うをとみ、しゃち、かめ、うなぎ、かれい、くろぐつな、ふぐ、どぢょは、原始的な多細胞生物が進化して、うをとみ、しゃち、かめ、うなぎ、かれい、くろぐつな、ふぐ、どぢょ、になっていると。神がみき様の口を通して教えられても、みき様が何か訳のわからないことを話している。と言って、みき様が誰からも相手にされないことが神はわかっていたから、村人が理解できるように約10億年前の海の中には存在していなかった。うをとみ、しゃち、かめ、うなぎ、かれい、くろぐつな、ふぐ、どぢょ、を元にして人間の雛型を造ったと、神はみき様の口を通して教えられています。

宿し込みの真実

月様は、いざなぎのみとの体内に、日様は、いざなみのみことの胎内に入り込み、人間創造の守護を教え、三日三夜の間に、9億9万9千9百9十9人の子数を、いざなみのみことの胎内に宿し込まれた。と親神は教えられていますが、親神は先ず最初に、いざなみのみことの胎内に、直接どぢょの宿し込みをされていたのではありません。

親神は先ず始めに、いざなぎのみことの体内に、人間のたねとされたどぢょをいざなぎのみことの体内にどぢょの宿し込みされています。なぜ最初にいざなぎのみことの体内に宿し込みをされていたのかということ。人間のたねとされたどぢょを、直接そのままいざなみのみことの胎内に宿し込んでも、いざなみのみことの胎内からどぢょを人間の雛型として産みおろすことができません。

親神は先ず始めに、いざなぎのみことの体内に宿し込みをしたどぢょを、いざなぎのみことの体内でどぢょを精子として作り替える守護を、いざなぎのみこと、いざなみのみことの二人の神に教えられています。

いざなみのみことの胎内に道具として仕込まれたふぐが、女一の道具であるかめを包み込んでいます。ふぐに包み込まれているかめは、かめが身体の中で作り出す卵子の中に親神が最初の1回だけ、いざなぎのみことが体内でどぢょを精子として作り替えた精子を親神は、かめが、かめの身体の中で造り出す卵子の中に、いざなぎのみことの身体を使って卵子の中に精子を宿し込む、宿し込みの仕方の守護を親神は二人の神に教えられています。

いざなみのみことは、いざなぎのみことが1回目の宿し込みの後、地球上から身を隠し。いざなぎのみことが地球上に存在しないので、いざなみのみことは、親神からどぢょを精子として作り替える守護を教えられていた、いざなみのみことは。いざなみのみことの身の回りに沢山いたどぢょを2回目、3回目と、いざなみのみこと一人で元の子数と同じ子数の数のどぢょを自身の胎内に一人で宿し込みをしたどぢょを、いざなみのみこと自身の胎内でどぢょを精子に作り替えます。

いざなみのみことは、自身の胎内でどぢょを精子として作り替えた精子を、いざなみのみことの胎内で三年三月の間、精子が人間の雛型に育つまで、胎内で精子を人間の雛型として育てた後、精子を人間の雛型として産みおろします。

親神は、夫婦雛型であるうをとみの、うをが男雛型、男の身体と、種の理。みが女雛型、女の身体と、女苗代の理。その二人が夫婦となった二人の夫婦の雛型の理と共に、二人の神の身体の中に、うなぎ、かれい、くろぐつな、ふぐ、しゃち、かめを道具として仕込まれた道具が道具の働きをする道具の理と共に、夫婦雛型の理。道具の理。たねの理。苗代の理。それら総ての理を親神は精子の中に遺伝子として仕込まれて、宿し込みを行われています。だから繰り返し繰り返し人間が人間として産まれてくることができるのです。

おふでさき、第六号３４、そのうちにうをとみいとがまちりいるよくみすませばにんけんのかを。と、おふでさきで教えられていますので、原始的な多細胞生物であった、うをとみの姿形は、現在の人間の姿形に近い姿形をしていたと考えられます。そして、人間のたねとされたどじょの姿形は、親神が寸法と形を親神が指示され、造らせられたかんろだいの姿形が、人間のたねとされたどじょの姿形に近い姿をしていたことを、かんろだいの姿形で教えられていると考えられます。

親神が元の理で、人間の雛型が一尺八寸に成人し、五尺になった時、海山も天地も日月も、ようやく区別出来るようにかたまりかけてきた。と教えられているのは、海の中で宿し込みが行われた元の場所が海だった元の場所から大陸が移動して、今は陸地になっている宿し込みの元の場所の目印として、かんろだいが据えられた場所が、海の中で宿し込みをした元の場所であることを、かんろだいを据えられて教えられています。

いざなぎのみことの神、いざなみのみことの神

親神は、何種類もの原始的な多細胞生物の中に混じっていた、原始的な多細胞生物であった「うをとみ」を、夫婦の雛型にしようと、先ず引き寄せられた「うを」と「み」を夫婦の雛型とされたうをとみの体内に、うなぎ、かれい、くろぐつな、ふぐが道具として仕込まれた。うをがいざなぎのみこと、みがいざなみのみことの神名を授けられ。二人の神となったうをとみは、自分で思ったり、考えたりすることができる意思、意志、意識が魂の中に存在する魂を神から授けられていたから、うをとみは。虫、鳥、畜類など八千八度の生まれ変わりをすることなく。みが、いざなみのみことの神となった、いざなみのみことの神が、3回目の宿し込みが終わった後「これまでに成人すれば、いずれ五尺の人間になるであろう」と仰せられることができたのです。

うをとみが神となった二人の神の体内に、うなぎ、かれい、くろぐつな、ふぐが、道具として仕込まれた、うなぎ、かれい、くろぐつな、ふぐが、二人の神の体内でさまざまな内蔵や、血液などの道具となって二人の神の体内で道具の働きをすることになります。

男一の道具であるしゃちは、いざなぎのみことの身体の外側に仕込まれた身体の外側で道具の働きをし。女一の道具であるかめは、いざなみのみことの胎内に仕込まれた胎内で道具の働きをしています。

人間の魂

人間の魂は、さまざまなことを思ったり考えたり。喜んだり。悲しんだり。怒ったり。恐怖を感じている人間の魂は、命と呼ばれ。魂は御霊様であり。心と呼ばれている魂が、身体の一部である脳に宿されている人間の魂は、人間のたねであるどじょの魂が、人間の身体になる猿の身体に宿されたどじょの魂を、神が人間の魂にされています。

差し引かれて宿し込まれた人間の雛型

親神は、うをとみに、宿し込みした子数の数と同じ年数が経ったなら、宿し込みのいんねんある元のやしきに連れ帰り、神として拝をさせようと約束された宿し込みの年限として教えられている9億9万9千9百9十9年の年限には矛盾があります。

年数を数えるのに年数と年数の間に、空白の年数を入れて年数を数えたりしないからです。

親神はなぜ矛盾した年数を教えられているのかというと。月様は、いざなぎのみことの体内に、日様は、いざなみのみことの体内に入り込んで、人間創造の守護を教え、三日三日夜の間に、9億9万9千9百9十9人の子数をいざなみのみことの胎内に宿し込まれた。

いざなみのみことはその場所に三年三月留まり、やがて七十五日かかって子数のすべてを産みおろされた。しかし、産みおろされた子数が皆出直してしまったので更に元の子数を宿し込みをしたが、又皆出直したと教えられている宿し込みと、出直しが合計3回繰り返されていることを親神は教えられています。

なぜ宿し込みと出直しを3回繰り返さなければならなかったのかというと、原始的な多細胞生物である。人間のたねとされたどぢょを精巧で完全な人間の雛型とするには、いざなみのみことの胎内に1回どぢょの宿し込みをしただけで、どぢょを人間の雛型として産みおろすことができないことが親神は最初からわかっていたから、親神は最初から宿し込みと出直しを3回繰り返す子数の数。9千9百90万人の子数を差し引いた、９億９万９千９百９十９人の子数の数の宿し込みをしたと教えられています。

最初から９千９百９０万人の子数が９億人と、９万人の間から子数の数を差し引いて、９億９万９千９百９十９人の子数の数を宿し込みしたと教えられている子数と同じ年数である。９億９万９千９百９十９年に、差し引かれた９千９百９０万人と同じ年数である。９千９百９０万年の年数を、９億９万９千９百９十９年の年数に足さなければなりません。

９億９万９千９百９十９年に、差し引かれた９千９百９０万人と同じ年数を足した年数が、９億９千９百９十９万９千９百９十９年の年数になるので、９億９千９百９十９万９千９百９十９年前に親神が実際に宿し込みを行っていたということになります。

親神は元の理で、出直しと宿し込みを3回繰り返して宿し込みをしたと教えているのだから、しっかり思案すればわかるであろうと思われていたのです。

実際に宿し込みが行われていた年数を分かりやすくするために、実際に宿し込みされた年数に1年足して約10億年前に宿し込みが行われていたと言わせて頂いています。

知恵の仕込みと文字の仕込み

6千年の知恵の仕込みと、3千9百9十9年は文字の仕込みと教えられている知恵の仕込みと文字の仕込みは、どじょの魂を虫、鳥、畜類など、八千八度の生まれ変わりをさせて、最後に一匹だけ残った猿が、人間の身体に進化する猿の「はら」に、男五人女五人の人間の身体に進化する猿が、大勢の猿の子供を産んだ猿の身体に、どじょの魂が宿されたどじょの魂に、知恵の仕込み、文字の仕込みをされて、人間の身体に進化する猿の身体にどじょの魂を宿されたどじょの魂を人間の魂にされています。

親神は、6千年は智恵の仕込み、3千9百9十9年は文字の仕込みと教えられています。しかし、3千9百9十9年の文字の仕込みは、最初からすべての人間に文字の仕込みをされていた訳ではありません。文字は人から教えてもらわないと、誰でも最初から自分一人で読み書きすることができません。神は、文字の仕込みができる能力を持っていた、人間の魂にだけ文字の仕込みを神から文字の仕込みをされた人間が、文字を別の人間に教えます。文字を人間から教えてもらった人間が、又別の人間に文字を教えます。そうして文字を人間が人間に教えることで、文字が人から人へと伝わり、人間が文字の読み書きができるようになっています。文字は、人間からか教えてもらわないと読み書きができませんから、神が全ての人間に生まれながらに文字の仕込みをされていなかったことがわかります。

最後に残った一匹の猿

親神は、どぢょの魂を虫、鳥、畜類などと、八千八度の生まれ変わりをさせ、又もや皆出直し、最後に、めざるが一匹だけ残った。と教えられている最後に一匹だけ残った「めざる」がアフリカで、考古学の発掘調査で発掘されています。そのアフリカで発掘された一匹のメス猿に、DNAをたどっていくと総ての人間は一匹のメスの猿にいきつくそうです。

どぢょの魂が虫、鳥、畜類などの八千八度の生まれ変わりを経て、又もや皆出直した。と教えられている又もや皆出直したと教えられている4回目の出直しは。いざなみのみことの胎内にどぢょの魂を3回、宿し込みと出直しをさせられた出直しとは違って、4回日の出直しは。9億年の間、どぢょの魂を海の中で生まれ変わりを繰り返させた後、どぢょの魂を虫、鳥、畜類などの八千八度の生まれ変わりを繰り返させていた過程のなかで、どぢょの魂を恐竜の身体に宿されていた恐竜が約6500万年前に恐竜が絶滅したした時のことを、皆出直したと教えられているのが4回目の出直しのことであります。

そして最後に、めざるが一匹だけ残ったと教えられている。一匹だけ残った猿から産まれた猿が、人間の身体に進化する猿の身体にどぢょの魂を宿されます。その後、又再び9万年の間、どぢょの魂を水中の住居になぜ戻されたのか、いろいろ考えられますがはっきりしたことはわかりません。

魂が待機する魂の待機場所

親神は、宿し込みが終わったいざなぎのみこと、いざなみのみことの二人の神が、出直しではなく、二人の神は身を隠したと教えられていますので。二人の神が身を隠した場所が、魂が又新しい身体に宿されるまでの間、魂が待機することになる魂の待機場所に、親神は先ず初めに二人の神の魂を魂が待機する魂の待機場所に待機させられます。

親神は、魂の待機場所に、先ず初めに待機させられていた、いざなぎのみことの魂を、旬刻限がくる何世代も前の夫善兵衛様の身体に、いざなぎのみことの魂を夫善兵衛様の身体に宿されます。

同じように、魂が待機する魂の待機場所に待機させられていた、いざなみのみことの魂が、旬刻限がくる何世代も前のみき様の身体に宿されます。

親神は、いざなみのみことの魂が、みき様の身体に宿されているみき様の身体に旬刻限である天保9年10月26日、親神は、みき様の身体を神のやしろにされます。

いざなみのみことの魂が待機場所に待機していた、魂の待機場所がなぜ存在していると言えるのかというと。病気や、事故で、自分の意思で考えたり思ったりすることができない状態で、お医者さんからもう助からないと言われた人達が奇跡的に意識を取り戻した人達が皆、広大な空間の中に、美しい光が光り輝き、美しい花が咲いていて、美しい調べが聞こえ、何とも言えない気持ちの良さと、心地よさが感じられる広大な世界があったと、奇跡的に意識を取り戻した人達が皆同じような話をされています。

事故などで奇跡的に意識を取り戻した人が、自分の意思で思ったり考えたりすることが出来ない人達が皆同じように、美しい光が光輝き、美しい花が咲いていて、奇麗な調べが聞こえ、何とも言えない気持ちの良さと、心地よさが感じられる世界を実際に体験された人が世界中に存在しているのは。親神が奇跡的に意識を取り戻させた人間を通して、人間に、魂の待機場所が実際にあることを教えられているのが魂の待機場所です。

教祖伝逸話編、P133牡丹の花盛りで、井筒たねが父から聞いた話しとして。井筒梅治郎は、教祖が、いつも台の上に、ジッとお座りになっているので、御退屈ではあろまいか、とお察し申し、どこかへ御案内しょうと思って、さぞ御退屈でございましょう。と、申しあげると、教祖は、ここへ、一寸顔をつけてごらん。と、仰せになって、御自分の片袖を差し出された。それで、梅治郎がその袖に顔をつけると、見渡す限り一面の奇麗な牡丹の花盛りであった。ちょうど、それは牡丹の花の季節であったので、梅治郎は、教祖は、どこのことでも、自由自在にごらんになれるのだなあ、と思って、恐れ入った。

教祖伝逸話編で、井筒梅治郎に片袖の中にある、牡丹の花が一面に咲いていた景色を見せられたのは、魂の待機場所に呼び寄せられた魂を、又再び新しい身体に魂を宿されるまでの間、魂が待機する魂の待機場所があることを井筒梅治郎に片袖の中を見せられ、梅治郎を通して人間に、魂の待機場所があることを親神は人間に教えられているのであります。

その魂の待機場所が地球の内部にある魂の待機場所で、魂は24間おきているのではなく。寝たりおきたりしている魂は、又新しい身体に宿されるまでの間、魂は魂の待機場所で待機しています。でも本当の極楽の世界は。御かぐら歌、四下り目、九ッここはこのよのごくらくや　わしもはやばやまいりたい。と、御かぐら歌で教えられている極楽の世界は、親神から人間の身体に魂が宿された人間の身体を通して、魂が何もかも実際に感じることができる地球上で生かされている地球上の世界が極楽の世界であります。

牛馬の道と、地獄

親神は、牛馬の道の道に落ちる。牛馬の道に落とされると教えられています。

親神が、牛馬の道に落とされると教えられている人間の魂は。誰が考えても人間がしてはいけないことをした人間の魂。たとえば、我が身の都合で人を殺したり。集団でいじめられたことが原因で、いじめられた人間が自ら命を断たなければならない原因を作り携わった全ての人間。権力者や、立場が上にある人間が立場を守るために、罪をなすりつけられた人間が、自ら命を断たなければならない原因を作り携わった全ての人間など。いろいろありますが、人間からみてもしてはいけない極悪なことをした人間の魂が、牛馬の道に落とされると考えられます。

牛馬の道に落とされる人間の魂は、人間の身体から魂が離れた瞬間、即刻、牛馬やさまざまな生き物の胎内に宿され、牛馬やさまざまな生き物の身体に人間の魂のまま宿された人間の魂は、さまざまな生き物となって産まれてきます。

親神が人間の魂のまま牛馬や、さまざまな生き物の身体に人間の魂のまま宿された人間の魂に、実際の痛みや苦痛や、恐怖などを、実際の牛馬や、さまざまな生き物の身体に宿された生き物の身体を通して、人間の魂に実際の痛みや苦痛や恐怖を実際に感じさせせられるのが、牛馬の道に落ちるということであります。

牛馬の道に落とされるほどの悪事をしなかった人間の魂は、魂の待機場所に待機させせられることなく、そのまま魂の待機場所の回りを浮遊させられながら、人間の身体に宿された魂は、過去に人間としてしてはいけないことをしたことと同じ道を通ることになります。

親神は、後で後悔なきようにせよ。と教えられています。自分が苦しめた人間がどんなに苦しみ、苦痛や痛み恐怖を感じながら死んでいったか。実際に牛馬やさまざまな生き物の身体に人間の魂のまま宿された人間の魂に、同じ痛みや苦痛、恐怖を、牛馬やさまざまな生き物の身体を通して延々と苦痛や痛み恐怖を感じ、生かされ続けられるのが牛馬の道に落とされると教えられているのが、牛馬の道に落ちると教えられているのであります。

地獄の世界は、人間が権力争いの過程で凄惨な殺し方で人間を殺していた時代に生きていた賢者が、権力を誇示するために凄惨な拷問をして人間を殺したり、権力者が人間同士を戦わせて見世物にして凄惨な殺し合いをさせたりするのを、その当時生きていた賢者が人間が人間を殺し合うのを止めさせるために、考え出されたのが地獄の世界であります。地獄の世界は、人間である賢者が考えだした架空の世界である地獄の世界は存在しません。親神は地獄の世界がある。地獄の世界に落とされるとは教えられていません。

親神は、牛馬の道に落ちる。牛馬の道に落とされる牛馬の道があると、親神は教えられています。

神

日本科学情報がインターネットに出している最新の宇宙を検索すると、銀河の構造を維持するには目には見えない正体不明の何かが確かに存在すると考えなければ説明がつかない。目には見えない正体不明の何かが確かに存在していると考えられているのがダークマター。ダークマターは光りを出さず、光りを反射しない真っ暗なもの。光りを曲げることから質量を持つか重力に作用する。粒子ではない、反物質ではない、ブラックホールでもない。それが正体不明の何かが確かに存在すると考えなければ説明がつかないものがダークマター。その他にダークエネルギーの存在がある。

ダークエネルギーは空間が持つエネルギー。そのダークエネルギーには三つの仮説があり。一つは、空間が重力に反発する作用を持つ。一つは、空間からエネルギー粒子が生まれては消える仮説。一つは、宇宙そのものに未知のエネルギーが存在しているという三つの仮説で、ダークエネルギーが宇宙を膨張させていると考えられているダークエネルギー。日本科学情報から引用させてもらっています。

科学で、目には見えない正体不明だが、何かが確かに宇宙の中に存在していると考えなければ、宇宙の中に存在しているエネルギーの存在を現在の科学で説明することができないものとしてダークマター、ダークエネルギーの存在が考えられている。目には見えない正体不明だが、何かが確かに宇宙の中に存在していると考えられているダークマター、ダークエネルギーこそ、目には見えない正体不明だが、何かが確かに存在している親神の魂が宇宙の中に溶け込み、親神の魂が宇宙の中に充満している親神の魂の真実の姿を科学が明らかにしています。

目には見えない正義と秩序でできている親神の魂が宇宙の中に溶け込み、親神の魂が宇宙の中に充満している親神の魂が、親神天理王命の真実の姿であります。

親神は、うをとみに、最初に産みおろす子数の年限が経ったなら、宿し込みのいんねんある元のやしきに連れ帰り、神として拝をさせようと約束されている通り。うをが、いざなぎのみことの神が授けられ。みが、いざなみのみことの神名が授けられた、みの魂が、みき様の魂でありま す。その、みの魂である、みき様を現在神として拝をしています。

親神は、うをとみを夫婦の雛型にするために、約束の年限が経ったなら神として拝をさせようと、うをとみに最初に約束された約束を親神は守られています。

みき様の魂は人間の魂ではありません。みき様の魂は、うをとみが夫婦雛型と定められた、みの魂が、みき様の魂であります。

月日親神と教えられている月様は、いざなぎのみことの体内に、日様は、いざなみのみことの体内に入り込んで、人間創造の守護を教えられたと教えられている月様、日様は、親神の魂を、親神と教えられているのであって。実際に宇宙に存在している太陽、月が二人の神の体内に入り込んで、人間創造の守護を教えられているのではありません。

親神がおつとめに、人間の歌声と、楽器を使っておつとめを教えられているのは、人間が作り出したさまざまな楽器を使って大勢の人達が演奏をする美しい旋律のクラシックの音楽や、人間の美しい歌声と、人間がさまざまな楽器を使って大勢の人間が演奏する、クラシックの美しい旋律のクラシックの音楽のように、きれいで美しい心になることを親神は望まれて、おつとめに、楽器を使っておつとめを教えられているのだと考えられます。

親神が、九割はその時代その時代の賢者を通して教えていた九割りの教えは、その時代に生きていた土地の権力者に法律を作らせ、人間が安全に暮らせるための法律をその時代の土地の権力者や、学者である賢者に作らせたり。神の教えとして人間が正しい生き方をするための神の教えを、神の使いの者である神の使いの者に神の教えを説かせたり。天文学や、美術や、文学や、音楽や、壮大な建築物を作り出す技術や、さまざまなものを生み出すのをその時代に生きていた、さまざまな賢者を通し、さまざまなものを人間に教えられているのが九割の教えであります。そして、最後の一割の教えが、親神が人間を創造し、人間を造った理由と経緯を教えられているのが、元の理で最後の一割りの教えとして教えられているのであります。

何かが存在するには必ず原因の元になるものが存在しています。何もかもの原因の元である親神の魂が、宇宙が誕生する前から限られた空間の中に存在していた親神の魂が、宇宙を誕生させた宇宙から何もかもが始まっています。

その親神の存在を信じない。親神を敬うこともしない。実の親を敬うこともしない。我が身の意見を通すために暴言や暴力を使い、我が身最優先で思いやりもなく生きる人間の家庭や地域や世界は秩序が乱れ、人々は怒り、暴言、言い争いをしながら暮らします。

親神が、うをとみの一すじ心を見澄まされ、そのうをとみを夫婦雛型とされたのは。うをとみがお互い一すじ心で愛し合う。うをとみの一すじ心を見澄まされて、うをとみを夫婦雛型とされています。

夫婦雛型となったうをとみが、わざわざ宿し込みを行う行為をしないうをとみに、お互いに喜びと楽しみを感じさせ、うをとみに宿し込みをさせるために、必要不可欠なものとして、夫婦の雛形であるうをとみの身体の中に仕込まれているのが、強力な力の快楽であります。

夫婦の雛形であるうをとみに、強力な快楽が仕込まれているから人間が、宿し込みの行為をすることができるのであります。

又快楽は、お互いが引かれ合い、夫婦となるために必要不可欠なものが快楽です。その宿し込みを行う宿し込みの行為は、けっして汚らわしい行為をしているのではありません。

宿し込みを行うために与えられている快楽は、一すじ心に与えられているのが快楽です。その快楽を他の者の身体を通して快楽を得るためにだけ、他の者の身体を通して快楽を求めてはならないものが快楽であります。

そして強力な力として身体の中に仕込まれている快楽は、薬物などでも得られる快楽は求めないで、快楽は自分自身で抑制し、自分自身で押さえつけ、抑制しなければならないものが強力な力として身体の中に仕込まれているのが快楽です。

親神が、三才心になりてこい。と言われているのは、人間の心が純粋できれいな心になることを親神は望まれています。その人間が病気になっても必ず助けてもらえるのは、人間の心使い一つで、どんなにむつかしいやまいでも助けてもらえます。

親神は、いかなむつかしいやまいでも、これなおらんと言うでないと教えられています。もう助かりません。だめですと、お医者さんから宣告されたどんな病でも絶対に助けてもらえるのは、おさづけを取り次がれる人間と、おさづけを取り次ぐ人間が、50%、90%ではなく。100%親神の存在を信じ、親神にお助けをお願いすれば、助からない者でも助けてもらえるのは、心一つしかありません。

親神が教えられた教えを、元の理に沿って忠実に厳格に解釈すると上述した解釈になります。

親神が実際に実在している親神が、元の理で教えられた教えは架空の話ではなく。実際に存在している親神が実在していなければ、総て実在しない話でありなます。

矛盾がある話や、辻褄が合わない話は、心の底から信用することができません。親神は、神の言うことに千に一つも違うことなし。と教えられています。

神、宇宙、人間は、総てつながっています。その神、宇宙、人間を一つ一つを切り離し、別々に考えていては、総てのものに答えがでないものが、神、宇宙、人間であります。

神の言うことに千に一つも違うことなし。と神が言われている通り。

神の言うことに千に一つも違うことはないのであります。

私事

母が産まれたことが原因で、祖母の足が悪くなったということで、母は祖父から何かあると母だけよく竹刀で叩かれていたと母が話していました。

母が結婚した父は、酒を飲むと人が変わり。私が小学校の一年生になった夏のころまで、福岡の炭鉱で働いていた父は、仕事が終わった後よく酒を飲んで帰ってきては、母を叩いていました。ある晩のこと、住宅の前のため池に父が母を投げ込んだ母を、大勢の炭鉱の人達が、懐中電灯を照らしながら母をため池の中から助け上げていたのを覚えています。

炭鉱で落盤事故が起きるとサイレンが鳴り響き、大勢の人達が炭鉱の方に走って行くのを覚えています。そんな炭鉱に嫌気がさした父は、筑後で母の弟さんがしていた仕事をさせてもらうために、家族は筑後に移り住みました。私が小学一年の夏のころでした。

筑後に移り住んで、弟さんの仕事をさせてもらっていたみたいですけど、いつもお金が無くて貧乏生活でした。

私は、父が6回引っ越ししたので、小学校も6回転校して、同じ小学校に2回転校しています。三年生か四年生のときかはっきり覚えていませんが、学校で腹が痛くなりトイレにいきたいのに、トイレに行きたいと、先生に言うことができずに、先生に黙ってトイレに向かって走りましたが、トイレのはるか前から大便をまきちらしながら、トイレに駆け込みましたが、大便が転々と落ちているのを皆が騒ぎながら私がしゃがんでいるトイレの扉が開けられ、先生も来られたみたいですけどその後のことは覚えていません。

そんな死ぬほど恥ずかしい思いをした私は、学校で死にたいと言っていたみたいで、学校の皆から俺は死にたいと呼ばれていました。トイレの事件の後、三年生、四年生、五年生はほとんど小学校に通っていません。

筑後に住んでいた私が五年生の時、家にはミカン箱が一つあっただけで、母が内職の仕事をするのに、内職の仕事の材料を置く台がなかったので、母は、父が大事にしていた碁盤の台に材料を置いて内職の仕事を始めましたが、寝っ転がっていた父が碁盤の台は使うなと母に言いましたが、母はかまわず内職の仕事をしていたら、寝っ転がっていた父が起き上がり母を近くにあった棒で、父は母を叩きだしましたが、二階の借家に住んでいた二階から兄を連れて母は逃げ出しました。逃げる母を父は追いかけていきましたが、逃げ出した母と兄はそれっきり家に帰ってきませんでした。

父は母をずっと探していたみたいで、母が福岡で仕事をしていることがわかり、父が所有していたトラックで福岡に行くことになりました。

夜父が運転するトラックの荷台に残された妹二人と私は、トラックの荷台に乗せられ福岡に向かうトラックの荷台で、私は母に会える喜びと幸せ一杯でした。

福岡に移り住んで、すぐには母と一緒に住むことができなくて、何カ月かして借家を借りることができて、又母と父と兄と妹二人と私の６人は一緒に借家で住むことができるようになりました。姉は、中学を卒業すると住み込みで働きに出ていました。

福岡の小学校の六年生に転校できて小学校は卒業することができまし

た。中学校に入学して、11日目の理科の授業で、担任の先生が葉っぱの種類を質問するのに立たされた私は、学校の授業をほとんど受けてない私は、何もわからず、生まれて初めて立たされた私に皆の視線が注がれている私が、何も答えられずに黙って立っている私に、先生は卑猥な表現で怒鳴りつけられ、罵倒されたので、次の日から不登校になり中学校は卒業していません。

その当時福岡にも夜間中学があった夜間中学に、母が入学させてくれましたが、同級生にソバ屋で働くように進められ、断り切れずにソバ屋で働くことになった私は。自転車に乗ったこともない私を、ソバ屋の先輩は、自転車に乗る練習もかねて私を買い出しに連れ出された私は、電信柱につかまりながら自転車に乗って買い出しに行きました。

自転車に乗れない私は何日かしてソバ屋を辞めてしまいました。ソバ屋を辞めた私は、ソバ屋の仕事を紹介してくれた同級生の手前、夜間中学も止めてしまいました。

中学は卒業していませんが、母が中学を卒業した歳になったからと言って、母が見つけてきた車のボデーに字を書く自動車屋さんで住み込みで働くようになりました。

漢字の読み書きができない私に、店主は毎日、漢字の読み書きをするように言い付けられた私は、それから数日経った深夜、二人の同僚が寝静まった後、二階の窓からわずかな荷物を風呂敷に包んで、二階の窓から夜逃げして家に帰りました。

その後も母が見つけてきた住み込みの仕事をしていましたが、一年ほどして辞めた後、父と兄が古い電話機を交換する会社の仕事をしていた父が、一緒の仕事が出来るようにしてくれたので、父と兄と一緒に古い電話機を交換する仕事をしていましたが、会社の社長さんが古い電話機の仕事を廃業することになり、父と兄と私の三人は失業しました。

18歳の私は、一人で職安に行った私はどうしていいのかわからない私に、二人連れの男性がついてきなさいと言われたので、何も分からないままついて行くと、自衛隊に入隊しないかと言われた私は、テレビでアメリカのコンバットという戦争ものの兵隊に憧れていた私は、簡単な試験も二人の男性に手伝ってもらい中学は卒業していますか、と聞かれたので、卒業していますとウソを言って自衛隊に入隊することができました。

佐世保の教育隊から福岡の陸上自衛隊の駐屯地に配属されましたが、同期生が私が中学を卒業していないことを、私に聞こえよがしに同期生が話しているのを聞かされた私は、二年間の契約が終わったら契約しないで、又夜間中学に行くことを決心した私は、母に頼んで東京の夜間中学を探してもらいました。

20歳で除隊することになった私は、除隊した後の仕事が見つかっていないと除隊できなかったので、母が鉄工所で働いていた鉄工所で働くことになりましたが、鉄板を曲げるプレスの機械で、左手の親指の爪の根元の先から指を無くしてしまいました。そして鉄工所の会社で働きながら自動車の運転免許を取得した私は、20歳で自衛隊を除隊し、8カ月ほど鉄工所で働いた翌年の2月、鉄工所を辞め、21歳になった私は当時スカイメイトだと安く飛行機で東京まで行くことができたので、４万数千円持っていたお金のなかから８千数百円の飛行代金を払って、生まれて初めて飛行機に乗って上京しました。

お昼頃羽田空港に着くと、雨が降っていた東京の街を当てもなく一晩中歩き回っていると、電信柱に４５００円でアパートが借りられる張り紙を見て、朝になって不動産屋さんに電話した不動産屋さんに連れられて、都立家政に３畳１間で家賃４５００円のアパートを借りることができました。

2月でしたが、布団がアパートに届くまで新聞紙を布団代わりに寝ていた新聞紙の職業欄に載っていた会社で働くために、夜間中学を探していた、夜間中学の入学手続きをした夜間中学の担任の先生に、会社の保証人になってもらうようにお願いしたら、担任の先生は快く会社の保証人になって下さり、担任の先生が保証人になって下さったおかげで会社で働くことができるようになりました。

夜間中学では気さくに話せる友達もでき、学校の遠足で高尾山や、箱根に遠足で行った楽しい思いでや、会社で辛い思いをした東京でしたが、最初に都立家政に借りたものすごく汚いアパートから、高田馬場の3畳1間の4500円できれいな2階の下宿を借りることができて、1階に住んでいた大学生のNさんとも仲良しになり、その頃かぐや姫の神田川が流行っていました。

足掛け4年の東京の生活から、福岡で兄と一緒に又電話線の敷設工事をする会社の請け負い仕事をするために福岡に帰り、兄と一緒に仕事しながら定時制高校に通っていましたが、仕事を請け負っていた電電公社の下請け会社が、工事をした工事代金をまともに払わないことなどで、兄とケンカして兄としていた仕事を辞めてしまいました。

数ヶ月ほど運送会社でトラックの運転をしていた私は、母の弟さんがしていた仕事をさせてもらうために、父に頼んで、母のお弟さんがしている仕事をさせてもらうようになり、又定時制高校にも通うことができるようになりました。

定時制高校を卒業したら大分で農業をすることにきめていた私は、定時制高校を卒業したら伯父さんの仕事も辞めて、大分に住んでいた母の弟さんが所有していた休耕田を買って、休耕田でスッポンの養殖をしようと思っていた私は。3日後に大分に住むアパートも借りるようにしていた、その日の夕方、伯父さんが信仰していた神様を母も信仰するようになっていた教会の会長さんの夫妻と、その息子さんの3人で毎月1回来られていた息子さんが、3日後に大分に行くことにしていた私は、居間で一人で酒を飲んでいた私のところに息子さんがこられて、母は、私に大分に行く前に修養科に行くようにと、母は一生懸命私に言っていましたが、神様を信仰するつもりも、修養科に行くつもりもさらさらない私に、親孝行しなさい、親孝行しなさいと息子さんは言いながら、私のコップに酒を注がれていましたが、酒を注がれてだいぶん酔いがまわっていた私は、ふっと、恩着せがましくも、修養科に行ってやるかと思いました。そして息子さんに修養科に行きます。と息子さんに言うと、息子さんが客間にいる会長さん夫妻と母に、誠ちゃんが修養科に行くと言ったよというのを聞いた会長さん夫妻と、母のよろこぶ声を一人で酒を飲みながら聞いていました。

あのとき酒を飲んでいなければ、恩着せがましく修養科に行ってやろうかという気にもならないで、神様の話を聞くこともできないまま、常にイライラし、人を恨み、人を妬み、人に腹を立て、人に感謝する心のかけらもなく、穏やかな心には程遠く、独善的で、結婚することもできなく、独り身のまま悲惨な生活を間違いなくしていました。あのとき酒を飲んでいて本当に良かったと、つくづく思っています。

母がいてくれて、母が修養科に行かせてくれて、神様の話を聞かせてくれたから私は警察にも捕まらないで、なんとか生きてくることができています。そんな母は、子供のときから辛い思いばかりして、旅行に行ったりすることもなく、楽しい思いなどほとんどしてない母は、ふっとわくは神心、思ったら思った通り、言ったら言った通りになる。と言っていた母に、私は本当に辛い思いばかりをさせた母のことを思うと、心が張り裂けそうになります。

母のおかげで、神を信じることができるようになった神の教えに矛盾があることに、どうしても納得ができなくて、神の教えに千に一つも違うことなし。と教えられている神の教えが、千に一つも違うことがないことを証明するために、神様のことを書かせて頂きました。

矛盾がある神の教えが明らかにされた

著　者　東　誠
発行日　2021年1月5日
発行者　高橋 範夫
発行所　青山ライフ出版株式会社
〒108-0014東京都港区芝5-13-11 第2二葉ビル 401
TEL：03-6683-8252
FAX：03-6683-8270
http://aoyamalife.co.jp
info@aoyamalife.co.jp
発売元　株式会社星雲社（共同出版社・流通責任出版社）
〒112-0005東京都文京区水道1-3-30
TEL：03-3868-3275
FAX：03-3868-6588

ISBN978-4-434-28298-0